COMPTABILITÉ COMMERCIALE

NOUVEAU GUIDE DU TENEUR DE LIVRES

Contrôle infaillible pour éviter toutes les erreurs du Journal et du Grand Livre.

PAR FORESTIER
TENEUR DE LIVRES.

Toutes les Maisons de commerce pourront se servir de ce contrôle sans rien changer à leurs écritures habituelles.

LYON
CHEZ L'AUTEUR, RUE DU COMMERCE, 22
Et chez les principaux Libraires.
1862

Lyon, Imp. R. Storck, rue de l'Impératrice, 78.

COMPTABILITÉ COMMERCIALE

NOUVEAU GUIDE DU TENEUR DE LIVRES.

COMPTABILITÉ COMMERCIALE

NOUVEAU GUIDE DU TENEUR DE LIVRES

Contrôle infaillible pour éviter toutes les erreurs du Journal
et du Grand Livre.

PAR FORESTIER
TENEUR DE LIVRES.

Toutes les Maisons de commerce pourront se servir de ce contrôle sans rien changer à leurs écritures habituelles.

LYON
CHEZ L'AUTEUR, RUE DU COMMERCE, 22
Et chez les principaux Libraires.
1862.

DÉPOSÉ.

Lyon, imp. H. Storck, rue de l'Impératrice 78.

AVANT-PROPOS.

Ce Volume n'est pas un Traité de **TENUE DE LIVRES**, mais le complément indispensable de tout Traité de **TENUE DE LIVRES**.

C'est une main amie que tend à ses confrères en Comptabilité commerciale un homme qui, comme eux, a passé de cruelles heures à chercher la *Balance*, et qui, depuis plusieurs années, grâce à une méthode dont le principal mérite est la simplicité, sait chaque jour où il en est avec le **DOIT** et **AVOIR**, et ne voit plus avec terreur approcher l'heure fatale de l'Inventaire.

Cette Methode est si simple que l'Auteur s'étonne de n'avoir pas été devancé dans sa modeste découverte.

Voici comment il y est arrivé :

Il a cherché d'abord à reconnaître d'où pouvaient provenir les erreurs qui rendent souvent si difficile l'opération de la Balance.

Au Journal, ces erreurs peuvent être :

1° Erreur d'addition ;
2° id. de soustraction ;
3° id. de transposition de chiffres ;
4° id. dans le report d'une page à l'autre ;
5° id. d'omission d'un article du Journal au Grand Livre.

Au Grand Livre :

1° Erreur d'addition ;
2° id. de soustraction ;
3° id. de transposition de chiffre ;
4° id. d'un article porté au crédit au lieu du débit, *et vice versa* ;
5° id. dans le report d'un solde ou d'une addition d'une page à l'autre ;
6° id. dans le report d'un solde d'un compte ancien à un compte nouveau.

Le problême à résoudre était donc celui-ci :

« Trouver un moyen de contrôle infaillible pour éviter toute erreur soit au Journal soit au Grand Livre, sans que ce « contrôle devînt une perte de temps ou une charge pour le Teneur de livres. »

Le problême est résolu :

Celui qui adoptera la méthode de l'auteur aura des écritures sans erreurs et constamment à jour, des balances aussi souvent qu'il le voudra, chaque jour s'il est nécessaire, des sommes détaillées portées à chaque compte particulier.

A l'aide d'un travail excessivement facile, il fera une notable économie de temps, n'ayant plus d'erreurs à chercher à l'approche de l'Inventaire, et, avantage inappréciable à l'heure même de la clôture des écritures ; en posant son dernier chiffre, il aura sa balance générale qui se sera, pour ainsi dire, faite d'elle-même.

Il aura ainsi évité un autre écueil ; car, on le sait, en dehors de la peine que coûte la recherche de la balance et du temps précieux que l'on perd, il y a un autre inconvénient grave : Les écritures sont forcément suspendues, et quand cette recherche est longue, il en résulte que l'accumulation de nouvelles écritures pèse sur le nouvel exercice et amène inévitablement un travail plus considérable en dehors du travail journalier.

Un dernier mot : En supposant (ce qui ne semble pas probable), qu'un Teneur de livre, retenu par ses habitudes, ne voulût pas adopter la méthode dans son entier, il y trouverait encore un moyen d'abréger son travail de fin d'année, en adoptant seulement les numéros d'ordre pairs et impairs qui rendront le pointage beaucoup plus prompt et beaucoup plus facile.

Explications nécessaires.

Pour éviter toutes les erreurs que je signale, le Journal Général sera tenu par Débit et Crédit.

Chaque article du Journal portera un numéro d'ordre.

Le Débit les nombres impairs, soit : 1, 3, 5, etc.

Le Crédit les nombres pairs, soit : 2, 4, 6, etc.

Chaque compte du Grand Livre aura aussi son numéro d'ordre; dans une page de 8 comptes il y aura 8 numéros d'ordre, au lieu d'un seul folio pour les 8 comptes.

Chaque page sera divisée en huit compartiments qui seront séparés par un double filet.

Ainsi la première page portera les N°s 1 à 8, la seconde page les N°s 9 à 16. Les N^{os} seront placés en face des noms.

Si l'on ne voulait mettre que deux comptes sur une page, le premier porterait je suppose le n° 100, et le second le n° 103.

Les premiers n^{os} seront mis par le fabricant du livre; les autres n^{os} seront mis à la plume en ouvrant les comptes.

Dans la 1re colonne du Journal, on placera le n° d'ordre du débiteur;

Dans la 2e	id.	id.	le n° du créditeur;
Dans la 3e	id.	id.	la date des articles collectifs;
Dans la 4e	id.	id.	le n° des Traites et Remises, ou les f^{os} des livres auxiliaires.
Entre la 4e et la 5e colonne,		id.	le raisonnement;
Dans la 5e colonne,		id.	le n° impair des débiteurs.
Dans la 6e	id.	id.	les articles du Débit;
Dans la 7e	id.	id.	les additions partielles du Débit ou du Crédit;
Dans la 8e	id.	id.	les numéros d'ordre pairs du Crédit;
Dans la 9e	id.	id.	les articles du Crédit.

Les escomptes des factures ou des négociations ainsi que les rabais, seront placés dans la même colonne que la somme nette du Débit ou du Crédit, et au-dessous de cette somme.

La page du Journal achevée, on tire des barres au-dessous du Débit et du Crédit, et on additionne l'un et l'autre. Si les deux additions ne sont pas égales, on comparera les sommes du Débit avec celles du Crédit, on corrigera les erreurs, et on additionnera une seconde fois.

En procédant de cette manière, on évite les erreurs d'addition, de soustraction et de transposition de chiffres au Journal, et on aura une balance exacte à la fin de chaque page.

Voici maintenant le moyen de faire la même balance pour le Grand Livre :

On aura pour cela un petit cahier par débit et crédit que j'appellerai contrôle du Grand Livre ; ce contrôle aura comme le Journal des numéros pairs et impairs ; ce cahier ne contiendra que les articles des comptes particuliers, les comptes généraux ne devant jamais y figurer.

Pour procéder avec ordre et éviter des erreurs qu'il faudrait corriger, nous rapporterons sur le Grand Livre tous les articles de la colonne du débit du Journal au débit du Grand Livre, et ensuite tous les articles de la colonne du crédit, au crédit.

Ainsi nous avons au Journal le n° 100, si ce n° 100 se trouve dans la colonne du débit, il m'indique que je dois écrire la somme au débit. 1er avertissement : je suis la ligne jusqu'à la 5e colonne ; je trouve le nombre impair 1 ; 2me avertissement : dans la 6e colonne, qui est celle du débit, je trouve une somme de 3000 fr.; 3me avertissement : qui indique que je dois inscrire la somme au Grand Livre au débit du compte n° 100.

Ainsi, je cherche le n° 100 et j'inscris dans la colonne des nombres impairs 1, 3000. Je viens ensuite à mon cahier de contrôle que j'ai sous la main, et j'inscris la même somme de 3000 fr. en face du n° 1. Ensuite je complète l'article en mettant la date, le raisonnement et le f° du Journal. Je pointe cette somme par une petite croix, je la pointe encore au contrôle et au Journal. On procédera de la même manière pour les autres articles jusqu'à la fin de la page, et on agira de même pour le Crédit.

Le Débit et le Crédit étant rapportés au Grand Livre, vous comparez les sommes du contrôle avec celles du Journal, ce qui se fait en un clin d'œil, et vous faites les additions; vous additionnez ensuite les comptes généraux et faites la balance sur le contrôle.

Toutes le sommes portées sur le cahier de contrôle doivent être prises sur le Grand Livre. au même instant qu'on les y inscrit, et jamais sur le Journal, sauf les reports.

Si vous avez 30 articles au Journal pour les comptes particuliers, vous devez en avoir autant au cahier de contrôle; l'omission d'un article du Journal au Grand Livre n'est donc pas possible; d'ailleurs la balance ne s'y trouverait pas; pas plus que si vous vous étiez trompé sur le montant de la somme.

Reste pour le Journal l'erreur dans le report d'une page à une autre, pour l'article qui n'est pas terminé; cet article est naturellement le dernier de la page et ne se rapporte du Journal au Grand Livre qu'après le report. Ainsi, au même instant que vous aurez inscrit au Journal la somme qui doit être reportée, vous l'inscrirez au cahier de contrôle et on l'y transportera une seconde fois au même instant encore que l'on fera le report d'une page à une autre; si l'on se trompe dans ce report, la balance ne sera pas juste, mais on reconnaîtra instantanément l'erreur en comparant les sommes.

Maintenant, voici comment les erreurs du Grand Livre peuvent s'éviter:

Je viens de dire que toutes les sommes transportées au cahier de contrôle doivent être prises au Grand Livre; donc, si je fais une transposition de chiffres au grand livre, cette transposition existera au contrôle, et vous ne trouverez pas la balance.

Pour un article porté au Grand Livre, au débit au lieu du crédit et réciproquement, si les avertissements dont je viens de parler n'ont pas fait éviter l'erreur, comme toutes les sommes doivent être portées au contrôle du même côté qu'au Grand Livre, encore ici la balance ne s'y trouverait pas si un article était d'un côté pour un autre.

Pour les reports du Grand Livre, on agira de la manière que j'ai indiquée pour le Journal; c'est-à-dire, que s'il s'agit de transporter un solde d'un compte ancien à un compte nouveau, au moment où vous l'inscrirez pour faire la balance du compte, vous l'inscrirez immédiatement au contrôle, vous tirez ensuite les barres et posez les additions; vous portez le solde à nouveau au débit, s'il doit être au débit, au crédit s'il doit être au crédit, et n'oublierez pas le contrôle.

Si on ne balance pas le compte, et que l'on reporte simplement les additions à un compte nouveau, vous posez les additions au compte ancien et en même temps au contrôle en mettant l'addition du débit du Grand Livre au crédit du contrôle, et celle du crédit au débit, vous posez ensuite vos additions au nouveau compte en les prenant sur l'ancien et les reportez sur le contrôle sans changer de colonne, c'est-à-dire le débit au débit et le crédit au crédit.

Pour reconnaître les erreurs d'additions et de soustractions, de transpositions ou d'omissions d'un compte, quand on fait le relevé général d'un Grand Livre pour le reporter sur un autre Grand Livre ou pour faire la balance générale, quand les soldes de toute une page sont établis séparément, vous les additionnez tous ensemble en faisant la soustraction, et ils s'élèvent, je suppose, à 10895 44. Vous additionnez ensuite ensemble tous les comptes de la page, en faisant l'addition d'un côté et la preuve de l'autre; si le solde de l'addition générale est de 10895 44, on peut être certain qu'il n'y a point d'erreur dans le relevé. La même vérification doit être faite chaque fois que l'on reporte un compte à nouveau.

Il n'est pas nécessaire d'être à l'époque d'un inventaire pour établir le contrôle d'un Grand Livre. Les livres commencés peuvent être continués : pour cela on additionne les comptes généraux, et ce qui manquera pour la balance formera le montant des comptes particuliers. Mais comme les Journaux ne sont pas d'un grand prix, on fera bien d'adopter la réglure de 9 colonnes qui évite toutes les erreurs du Journal. Le Grand Livre servira toujours, il n'y aura aucun changement à y faire.

Il ne faut pas oublier qu'avec le système suivi jusqu'à ce jour, les balances peuvent être parfaitement justes quant à leur montant, mais qu'elles n'empêchent pas certaines erreurs qui peuvent entraîner à de grands désagréments.

Les balances par le système dit américain, c'est-à-dire avec un compte de divers faisant face aux comptes généraux, ne sont pas plus sûres; d'ailleurs, elles ne donnent que la balance des comptes généraux et rien de plus. Tous les comptes particuliers du Grand Livre restent en dehors du contrôle de ces sortes de balances. Il est vrai que ces comptes particuliers peuvent être pointés, mais le pointage du Journal au Grand Livre n'est pas suffisant; assez souvent, même avec un double pointage, il arrive que l'on n'obtient aucun résultat pour la balance, qu'il faut ensuite abandonner faute de temps pour la pousser à bout.

En définitive, on peut dire qu'en dehors du contrôle par les chiffres, rien n'est certain.

Il faut commencer sa balance générale le 1er janvier et la finir le 31 décembre. Tous les autres moyens de contrôle sont inefficaces pour ainsi dire et ne contrôlent rien, puisqu'il est reconnu et prouvé, que les balances d'aujourd'hui peuvent être justes et fausses en même temps.

RÉPERTOIRE.

		1er mars 1862.								
100		Les suivants à N/ S/ J. Alexandre. Compte de fonds								
		1er dit.								
101		Caisse Espèces	1	100000	»					
		1er dit.								
104		Traites et Remises								
	1000	Paris, 10 mars		3000	»					
	1001	» 10 »		3500	»					
	1002	» 10 »		4600	»					
	1003	» 10 »		5800	»					
	1004	» 10 »		6100	»					
	1005	Lyon, 15 »	3	7000	»	50000	»	2	200000	»
	1006	» 15 »		4640	»					
	1007	» 15 »		4945	»					
	1008	» 15 »		5454	»					
	1009	» 15 »		3841	»					
	1010	» 15 »		1120	»					
		1er dit.								
103		Marchandises générales mises en magasin.	5	43500	»					
		1er dit.								
00		Meubles et ustensiles agencements.	7	6000	»					
		1er dit.								
05		Profits et pertes. Frais de voyage.	9	500	»					
		1er dit.								
03		Marchandises générales aux suivants.								
		1er dit.								
06		à F. Favre de Rouen, fre 15 février.						12	4854	»
		1er dit.								
06		à J. Armand d'Elbeuf, fre 16 dit						14	5840	
		1er dit.								
06		à N. Lebrun d'Elbeuf, fre 17 dit						16	6549	»
		1er dit.								
06		à F. Arnaud de Sédan, fre 18 dit						18	9180	»
		1er dit.								
06		à B. Granjon de Sédan, fre 18 dit				10095	»	20	4950	»
		» 19 dit							5145	»
		1er dit.	11	88576	60					
06		à G. Fournier de Bischwiller, fre 20 février.							8452	»
		» 21 dit				19799	»	22	7854	»
		» 22 dit							3493	»
		1er dit.								
06		à C. Lenoir de Bischwiller, fre 23 février.							3849	»
		fre 24 dit				25964	60	24	5340	90
		fre 25 dit							8941	70
		fre 26 dit							7833	»
		1er dit.								
106		à J. Valentin de Lille, fre 28 février				6295	»	26	2751	»
		» 28 dit							3544	»
				288576	60				288576	60

2 mars 1862.

106			F. Favre, de Rouen,	aux suivants.								
			2 dit.									
	104	1000	à Traites et Remises Paris,	mars	1	4559	»			2	3000	»
			2 dit.									
	119		à Promesses et Traites B^{t}	à vue (es^{te} 291.)						4	1559	»
			2 dit.									
106			J. Armand d'Elbeuf,	aux suivants.								
			2 dit.									
	104	1001	à Traites et Remises Paris,	10 mars	3	4964	»			6	3500	»
			2 dit.									
	119		à Promesses et Traites B^{t}	à vue (es^{te} 876.)						8	1464	»
			3 dit.									
106			N. Lebrun d'Elbeuf,	aux suivants.								
			3 dit.									
	104	1002	à Traites et Remises Paris,	10 mars	5	5566	»			10	4600	»
			3 dit.									
	119		à Promesses et Traites B^{t}	à vue (es^{te} 983.						12	966	»
			4 dit.									
106			F. Arnaud de Sédan,	aux suivants.								
			4 dit.									
	104	1003	à Traites et Remises Paris,	10 mars	7	7262	»			14	5800	»
			4 dit.									
	119		à Promesses et Traites B^{t}	à vue (es^{te} 918.)						16	1462	»
			4 dit.									
106			B. Granjon de Sédan, aux suivants.									
			4 dit.									
	104	1004	à Traites et Remises Paris,	10 mars	9	9084	»			18	6100	»
			4 dit.									
	119		à Promesses et Traites B^{t}	à vue (es^{te} 1011,						20	2984	»
			5 dit.									
106			G. Fournier de Bischwiller, aux suivants.									
			5 dit.									
	104		à Traites et Remises									
		1005	Lyon,	15 mars							7000	»
		1006	»	15 »	11	17820	»	16585	»	22	4640	»
		1007	»	15 »							4945	»
			5 dit.									
	119		à Promesses B^{t}	à vue (es^{te} 1979.						24	1235	»
						49255	»				49255	»

6 mars 1862.

106			C. Lenoir, de Bischwiller, aux suivants.							
			6 dit.							
	104		à Traites et Remises							
		1008	Lyon, 15 mars						5454	»
		1009	» 15 »				10415	»	2 3841	»
		1010	» 15 »	1	23368	»			1120	»
			6 dit.							
	119		à Promesses et Traites							
			B^t à vue				12953	»	4 10000	»
			» à vue (es^te 2596 60)						4 2953	»
			7 dit.							
106	119		V. Valentin de Lille à Promesses et T^es							
			B^t à vue	3	6295	»			6 6295	»
			8 dit.							
	103		Les suivants à marchandises générales							
			8 dit.							
107			J.-B. Brunier de Berneuil, vente es^te 6 %		3849	55	8791	»		
			» »	5	4941	45				
			9 dit.							
108			A. Delorme de Chamboulive, vente es^te 6 %		6541	20	14392	»		
			» »	7	7850	80				
			10 dit.							
109			P. Andrieux de Darnetal, vente es^te 6 %		2837	60	6083	»		
			» »	9	3245	40				
			11 dit.							
110			H. Chevalier de Favernay, vente es^te 6 %		1233	45	9125	»		
			» »	11	7891	55				
			12 dit.							
111			B. Florentin de Gien, vente es^te 6 %		5146	15	11289	»		
			» »	13	6142	85				
			13 dit.							
112			F. Garnier d'Hennebout, vente es^te 6 %		2837	65	6779	»	8 99288	60
			« »	15	3941	35				
			14 dit.							
113			L. Hermann de Jougue, vente es^te 6 %		6132	»	10075	50		
			» »	17	3943	50				
			15 dit.							
114			M. Jacquinot de l'Aigle, vente es^te 6 %		2949	60	11400	60		
			» »	19	8451	»				
			18 dit.							
115			N. Laurencin de Mézières, vente es^te 6 %		4947	80	6089	85		
			» »	21	1142	05				
			18 dit.							
116			O. Marchand de Nancy, vente es^te 6 %		582	»	8268	30		
			» »	23	7686	30				
			18 dit.							
117			Ph. Normand de Péronne, vente es^te 6 %		1154	35	6995	35		
			» »	25	4841	»				
			» »		1000	»				
					128951	60			128951	60

19 mars 1862.

119	102		Promesses et Traites à Caisse								
			o/ F. Favre, de Rouen, à vue	1	1559	»					
			o/ Armand d'Elbeuf, »	3	1464	»					
			o/ N. Lebrun d'Elbeuf, »	5	966	»					
			o/ F. Arnaud de Sédan, »	7	1462	»					
			o/ B. Granjon de Sédan, »	9	2984	»			2	28918	»
			o/ Fournier de Bischwiller, »	11	1235	»					
			o/ C. Lenoir, de Bischwiller, »	13	10000	»					
			o/ Valentin de Lille, »	15	6295	»					
			o/ Lenoir de Bischwiller, »	17	2953	»					
			20 dit.								
105			Profits et Pertes aux suivants.								
			20 dit.								
	107		à J.-B. Brunier de Berneuil, es^te 6 % à 8791 »						4	528	»
			20 dit.								
	108		à Delorme de Chamboulive, » à 14392 »						6	964	»
			20 dit.								
	109		à Andrieux de Darnetal, » à 6083 »						8	365	»
			20 dit.								
	110		à Chevalier de Favernay, » à 9125 »						10	548	»
			20 dit.								
	111		à Florentin de Gien, » à 11289 »						12	678	»
			20 dit.								
	112		à Garnier d'Hennebout, » à 6779 »	19	6059	60	. . . . . .		14	407	»
			20 dit.								
	113		à Hermann de Jougne, » à 10075 50						16	604	50
			20 dit.								
	114		à Jacquinot de l'Aigle, » à 11400 60						18	684	60
			20 dit.								
	115		à Laurencin de Mézières, » à 6089 85						20	365	85
			20 dit.								
	116		à Marchand de Nancy, » à 6995 35						22	496	30
			20 dit.								
	117		à Normand de Péronne, » 8268 30						24	418	35
			20 dit.								
	103	106	Marchandises générales à Ch. Leblond. de Roubaix.								
			» f. 20 février s/ es^te		8263	»					
			» 21 » »		13248	»					
			» 24 » »		5718	»					
			» 24 » »		3577	»					
			» 25 » »		10611	»					
			» 25 » »	21	6372	»	93229	..	26	93229	»
			» 27 » »		9471	»					
			» 28 » »		10716	»					
			» 29 » »		5724	»					
			» 2 mars »		7772	»					
			» 3 » »		6577	»					
					128206	60				128206	60

				25 mars 1862.							
106				Ch. Leblond de Roubaix, aux suivants							
				25 dit.							
	107			à Brunier de Berneuil, t/ à présentation.					2	8263	»
				25 dit.							
	108			à A. Delorme de Chamboulive, »					4	13428	»
				25 dit.							
	109			à P. Andrieux de Darnetal, »					6	5718	»
				25 dit.							
	110			à Chevalier de Favernay, »					8	8577	»
				25 dit.							
	111			à Florentin de Gien, »					10	10611	»
				25 dit.							
	112			à Garnier d'Hennebout, »		93229	»	. . . . . .	12	6372	»
				25 dit.							
	113			à Hermann de Jougne, »	1				14	9471	»
				25 dit.							
	114			à Jacquinot de l'Aigle, »					16	10716	»
				25 dit.							
	115			à Laurencin de Mézières, »					18	5724	»
				25 dit.							
	116			à Marchand de Nancy, »					20	7772	»
				25 dit.							
	117			à Normand de Péronne, »					22	6577	»
				31 dit.							
		103		Les suivants à marchandises générales							
				31 dit.							
107			20	Brunier de Berneuil, vente es^te déduit.	3	11241	»				
				31 dit.							
108			21	Delorme de Chamboulive, »	5	9834	»				
				31 dit.							
109			22	Andrieux de Darnetal, »	7	6969	»				
				31 dit.							
110			23	H. Chevalier de Favernay, »	9	9696	»				
				31 dit.							
111			24	B. Florentin de Gien, »	11	8565	»				
				31 dit.							
112			25	F. Garnier d'Hennebout, »	13	5658	»	. . . . . .	24	100262	»
				31 dit.							
113			26	L. Hermann de Jougne, »	15	13243	»				
				31 dit.							
114			27	M. Jacquinot de l'Aigle, »	17	4231	»				
				31 dit.							
115			28	N. Laurencin de Mézières, »	19	8787	»				
				31 dit.							
116			29	O. Marchand de Nancy, »	21	7878	»				
				31 dit.							
117			30	Ph. Normand de Péronne, »	.	3434	»				
				»	23	2832	»	14160			
				»		7894	»				
						193491	»			193491	»

31 mars 1862.

F°	F°	N°	Libellé	Observations	F°	Débit	c.	F°	Crédit	c.
106	105		Divers en fabrique à Profits et Pertes Escomptes		1	9658	60	2	9658	60
			5 avril.							
104			Traites et Remises à							
			5 dit.							
	107	1011	à Brunier de Berneuil,	Bt au 30 avril				4	6000	»
			5 dit.							
	108	1012	à Delorme de Chamboulive,	» »				6	5000	»
			5 dit.							
	109	1013	à Andrieux de Darnetal,	» »				8	3000	»
			5 dit.							
	110	1014	à Chevalier de Favernay,	» »				10	4000	»
			5 dit.							
	111	1015	à Florentin de Gien,	» »				12	5000	»
			5 dit.							
	112	1016	à Garnier d'Hennebout,	» »				14	4000	»
			5 dit.							
	113	1017	à Hermann de Jougne,	» »				16	7000	»
			5 dit.							
	114	1018	à Jacquinot de l'Aigle,	» »				18	3000	»
			5 dit.							
	115	1019	à Laurencin de Mézières,	» »				20	4000	»
			5 dit.							
	116	1020	à Marchand de Nancy,	» »				22	4000	»
			5 dit.							
	117	1021	à Normand de Péronne,	» »				24	6266	»
			5 dit.		3	100262	»			
	107	1022	à Brunier de Berneuil,	» »				26	5241	»
			5 dit.							
	108	1023	à Delorme de Chamboulive,	» »				28	4834	»
			5 dit.							
	109	1024	à Andrieux de Darnetal,	» »				30	3969	»
			5 dit.							
	110	1025	à Chevalier de Favernay,	» »				32	5696	»
			5 dit.							
	111	1026	à Florentin de Gien,	» »				34	3565	»
			5 dit.							
	112	1027	à Garnier d'Hennebout,	» »				36	1658	»
			5 dit.							
	113	1028	à Hermann de Jougne,	» »				38	6243	»
			5 dit.							
	114	1029	à Jacquinot de l'Aigle,	» »				40	1231	»
			5 dit.							
	115	1030	à Laurencin de Mézières,	» »				42	4787	»
			5 dit.							
	116	1031	à Marchand de Nancy,	» »				44	3878	»
			5 dit.							
	117	1032	à Normand de Péronne,	» »				46	7894	»
						109920	60		109920	60

F° D.	F° C.	N°	Désignation	Art.	Somme	c.	Somme	c.	Art.	Détail	c.
			6 avril 1862.								
101	104		Caisse à Traites et Remises								
		1011	Chamboulive, à vue							6000	»
		1012	Berneuil, » »							5000	»
		1013	Darnetal, » »							3000	»
		1014	Favernay, » »							4000	»
		1015	Gien, » »	1	51010	»	51010	»	2	5000	»
		1016	Hennebout, » »		256	»	es^te 1/2 %			4000	»
		1017	Jougne, » »							7000	»
		1018	l'Aigle, » »							3000	»
		1019	Mézières, » »							4000	»
		1020	Nancy, » »							4000	»
		1021	Péronne, » »							6266	»
			7 dit.								
101	104		Caisse à Traites et Remises								
		1022	Berneuil, à vue							5241	»
		1023	Chamboulive, » »							4834	»
		1024	Darnetal, » »							3969	»
		1025	Favernay, » »							5696	»
		1026	Gien, » »							3565	»
		1027	Hennebout, » »	3	48751	»	48751	»	4	1658	»
		1028	Jougne, » »		245	»	es^te 1/2 %			6243	»
		1029	l'Aigle, » »							1231	»
		1030	Mézières, » »							4787	»
		1031	Nancy, » »							3878	»
		1032	Péronne, » »							7894	»
			7 dit.								
105	104		Profits et Pertes à Traites et Remises								
			Escomptes et pertes aux dites	5	501	»			6	501	»
			8 dit.								
103			Marchandises générales aux suivants.								
			8 dit.								
	106		à F. Favre de Rouen, f^re 28 mars es^te déduit						8	4819	50
			8 dit.								
	106		à J. Armand de Rouen, f^re 28 dit » »						10	9184	»
			8 dit.								
	106		à N. Lebrun d'Elbeuf, f^re 29 dit » »						12	5341	»
			8 dit.								
	106		à F. Arnaud de Sédan, f^re 31 dit » »						14	1435	»
			8 dit.								
	106		à B. Granjon de Sédan, f^re 31 dit » »	7	50522	50	à reporter		16	1557	»
			8 dit.								
	106		à G. Fournier de Bischwiller, f^re 2 avril »						18	7551	»
			8 dit.								
	106		à C. Lenoir de Bischwiller, f^re 2 dit »						20	8432	»
			8 dit.								
	106		à J. Valentin de Lille, f^re 3 avril » »							2424	
			f^re 4 dit » »				12203	»	22	3526	
			f^re 5 dit » »							6253	
					151285	50				151285	50

		8 avril 1862.								
103		Marchandises g^{les} aux suivants.	report						50522	50
		8 dit.								
	106	à G. Fabre de Rouen,	f^{re} 6 avril					2	4941	»
		8 dit.								
	106	à J. Armand de Rouen,	» 7 »					4	5839	»
		8 dit.								
	106	à N. Lebrun d'Elbeuf.	» 8 »					6	7536	»
		8 dit.								
	106	à F. Arnaud de Sédan,	» 9 »					8	8240	»
		8 avril.		1	108200	50				
	106	à B. Granjon de Sédan	» 10 »					10	9154	»
		8 dit.								
	106	à G. Fournier de Bischwiller,	» 11 »					12	10188	»
		8 dit.								
	106	à C. Lenoir de Bischwiller,	» 12 »					14	4833	»
		8 dit.								
	106	à J. Valentin de Lille,	» 13 »					16	6947	»
		8 dit.								
106		F. Favre de Rouen,	aux suivants.							
		8 dit.								
	101	à Caisse	Mandat à vue.					18	3200	»
		8 dit.								
	103	à Marchandises générales	renvoi.	3	4819	50		20	819	»
		8 dit.								
	105	à Profits et Pertes	escompte.					22	800	50
		9 dit.								
106		J. Armand de Rouen,	aux suivants.							
		9 dit.								
	101	à Caisse	mand^t à vue. » »				7810	24	3810 4000	» »
		9 dit.		5	9184	»				
	103	à Marchandises générales	m^{es} pour c^{te}					26	1300	»
		9 dit.								
	105	à Profits et Pertes	diff^{ce} de m^{ge}					28	74	»
		10 dit.								
106		N. Lebrun d'Elbeuf	aux suivants.							
		10 dit.								
	101	à Caisse	mand^t à vue. » »	7	5341	»	5300	30	2000 3300	» »
		10 dit.								
	105	à Profits et Pertes	rabais.					32	41	»
		11 dit.								
106	101	F. Arnaud de Sédan,	à caisse. mand^t à vue.	9	1435	»		34	1435	»
		12 dit.								
106	101	B. Granjon de Sédan,	à caisse. mand^t à vue. » »	11	1557	»	1557	36	1000 557	» »
					130537	»			130537	»

		14 avril 1862.						
106		G. Fournier de Bischwiller, aux suivants.						
		14 dit.						
	101	à Caisse	Mandt au 10 ct.					2300
			id. à vue.			7541	2	2200
			id. à vue.	1	7551 »			3041 »
		14 dit.						
	105	Profits et Pertes.	Rabais.				4	10 »
		14 dit.						
106		C. Lenoir de Bischwiller, aux suivants.						
		14 dit.						
	101	à Caisse,	Mandt à vue.					3400 »
			id. à vue.			8400 »	6	3000 »
			id. à vue.	3	8432 »			2000 »
		14 dit.						
	105	à Profits et Pertes,	Rabais.				8	32 »
		15 dit.						
106		Valentin de Lille, aux suivants.						
		15 dit.						
	101	à Caisse,	Mandt 15 ct.					4000 »
			Mandt 15 dit.			12000 »	10	4000 »
			Mandt 15 dit.					4000 »
		15 dit.		5	12203 »			
	103	à Marchandises gles	Renvoi.				12	200 »
		15 dit.						
	105	à Profits et Pertes,	Rabais.				14	3 »
		16 dit.						
106		F. Favre de Rouen, aux suivants.						
		16 dit.						
	101	à Caisse,	Mandt à vue.				16	941 »
		16 dit.		7	4941 »			
	119	à Promesses et Traites	Bt au 20 ct.			4000 »	18	2000 »
			dit au 20 id.					2000 »
		17 dit.						
106		J. Armand de Rouen, aux suivants.						
		17 dit.						
	101	à Caisse,	Mandt à vue.			2800 »	20	1800 »
			Mandt à vue.					1000 »
		17 dit.		9	5839 »			
	119	à Promesses et Traites,	Bt à vue.			3039 »	22	1000 »
			Bt au 20 ct.					2039 »
		18 dit.						
106		N. Lebrun d'Elbeuf, aux suivants.						
		18 dit.						
	101	à Caisse	Bt à vue.				24	3536 »
		18 dit.						
	119	à Promesses et Traites,	Bt à vue.	11	7536 »			1000 »
			id. id.			4000 »	26	2000 »
			id. au 25 ct					1000 »
					46502 »			46502 »

		19 avril 1862.									
106		F. Arnaud de Sedan aux suivants.									
		19 dit.									
	101	à Caisse	Mand^t à vue.				5000	»	2	2000	»
			dit. id.							3000	»
		19 dit.									
	119	à Promesses et Traites	B^t à vue.	1	8240	»	2000	»	4	1000	»
			B^t au 20 c^t							1000	»
		19 dit.									
	103	à Marchandises g^les	Renvoi.				1240	»	6	1200	»
			Diff. de M^ge							40	»
		20 dit.									
106		B. Granjon de Sedan aux suivants.									
		20 dit.									
	101	à Caisse	Mand^t à vue.				7000	»	8	2000	»
			dit. id.							2000	»
			dit. id.							3000	»
		20 dit.									
	119	à Promesses et Traites	B^t au 25 c^t.	3	9154	»	2100	»	10	2000	»
			B^t au 25 dit.							100	»
		20 dit.									
	105	à Profits et Pertes	Rabais p. taches.				54	»	12	24	»
			Diff. de M^ge.							30	»
		21 dit.									
106		G. Fournier de Bischwiller aux suivants.									
		21 dit.									
	101	à Caisse	Mand^t à vue.				5000	»	14	2000	»
			dit. id.							1000	»
			dit. id.							2000	»
		21 dit.									
	119	à Promesses et Traites	B^t au 31 c^t.	5	10188	»	5000	»	16	2000	»
			B^t au 31 dit.							2000	»
			B^t au 31 dit.							1000	»
		21 dit.									
	103	à Marchandises g^les	Renvoi et Emb.						16	188	»
		22 dit.									
106		C. Lenoir de Bischwiller aux suivants.									
		22 dit.									
	119	à Promesses et Traites	B^t à vue.	7	4833	»	4800	»	18	4000	»
			B^t id.							800	»
		22 dit.									
	119	à Promesses et Traites	B^t à vue.						20	33	»
		23 dit.									
106		J. Valentin de Lille aux suivants.									
		23 dit.									
	101	à Caisse	Mand^t à vue.						22	3000	»
		23 dit.									
	119	à Promesses et Traites	B^t au 31 c^t.	9	6947	»			24	947	»
		23 dit.									
	119	à Promesses et Traites	B^t au 31 c^t.						26	3000	»
					39362	»				39362	»

		24 avril 1862.								
119	101	Promesses et Traites à Caisse.								
		B' au 20 c' o/ F. Favre.	1	2000	»	4000	»	2	4000	
		B' au 20 dit. o/ id.		2000	»					
		25 dit.								
119	101	Promesses et Traites à Caisse.								
		B' à vue o/ J. Arnaud.	3	1000	»	3039	»	4	3039	»
		Dit o/ id.		2039	»					
		26 dit.								
119	101	Promesses et Traites à Caisse.								
		B' à vue o/ N. Lebrun.		1000	»					
		Dit id. o/ id.	5	2000	»	4000	»	6	4000	»
		Dit au 25 c' o/ id.		1000	»					
		27 dit.								
119	101	Promesses et Traites à Caisse.								
		B' à vue o/ J. Arnaud.		1000	»					
		Dit au 20 c' o/ id.	7	1000	»	3000	»	8	3000	»
		Dit au 31 id. o/ G. Fournier.		1000	»					
		30 dit.								
119	101	Promesses et Traites à Caisse.								
		B' au 25 c' o/ B. Granjon.		2000	»					
		Dit au 25 id. o/ id.		100	»					
		Dit au 31 id. o/ G. Fournier.		2000	»					
		Dit au 31 id. o/ id.		2000	»					
		Dit à vue o/ C. Lenoir.	9	4000	»	14880	»	10	14880	»
		Dit à vue o/ id.		800	»					
		Dit à vue o/ id.		33	»					
		Dit au 31 c' o/ Valentin.		947	»					
		Dit au 31 c' o/ id.		3000	»					
		30 dit.								
		Grand Livre.		28919	»				28919	»
		Balance générale au 30 dit 1862.								
				Débit.		Solde.			Crédit.	»
		Divers débiteurs f° 100.		6000	»	194000	»		200000	»
		Caisse f° 101.		199761	»				132357	»
		Marchandises g^les f° 103.		333506	10				203297	60
		Traites et Remises f° 104.		150262	»				150262	»
		Profits et Pertes f° 105.		7060	60				10673	10
				696589	70				696589	70
		30 avril 1862.								
		Contrôle.								
		Balance au 30 dit.		Débit.		Solde.			Crédit.	
		Divers débiteurs.		553393	70	194000	»		747393	70
		Caisse f° 101.		199761	»				132357	
		Marchandises g^les f° 103.		333506	10				203297	60
		Traites et Remises f° 104.		150262	»				150262	
		Profits et Pertes f° 105.		7060	60				10673	10
				1243983	40				1243983	40

		1er mai 1862.					
101	100	Caisse à N/ S/ Alexandre compte courant. son versement.	1	4000	»	2	4000 »
		2 dit.					
101	100	Caisse à N/ S/ Alexandre compte courant. son versement Espèces 4000 Bts de Be 6000	3	10000	»	4	10000 »
		3 dit.					
101	100	Caisse à N/ S/ Alexandre. son versement Espèces 6000 Bts de Be 10000	5	16000	»	6	16000 »
		4 dit.					
100	101	N/ S/ Alexandre compte de levées à caisse. à lui compté	7	2000	»	8	2000 »
		4 dit.					
103		Marchandises générales aux suivants.					
	106	à F. Favre de Rouen, fre 1er mai s/ escte	9	3895	»	10	300 »
	106	à J. Armand d'Elbeuf, » 1 » »				12	320 »
	106	à N. Lebrun d'Elbeuf, » 2 » »				14	400 »
	106	à F. Arnaud de Sédan, » 2 » »				16	430 »
	106	à B. Granjon de Sédan, » 3 » »				18	540 »
	106	à Fournier de Bischwiller, » 3 » »				20	560 »
	106	à C. Lenoir de Bischwiller, » 4 » »				22	670 »
	106	à J. Valentin de Lille, » 4 » »				24	675 »
		4 dit.					
		Les suivants à marchandises générales				26	155563 »
107		Brunier de Berneuil, vente este 6 %.	11	6000	»		
108		Delorme de Chamboulive, »	13	6100	»		
109		Andrieux de Darnetal, »	15	6341	»		
110		H. Chevalier de Favernay, »	17	6292	»		
111		B. Florentin de Gien, »	19	6494	»		
112		Garnier d'Hennebout, »	21	6595	»		
113		Hermann de Jougne, »	23	6637	»		
114		Jacquinot de l'Aigle, »	25	6748	»		
115		Laurencin de Mézières, »	27	6199	»		
116		Marchand de Nancy, »	29	6237	»		
117		Normand de Péronne, »	31	6943	»		
		5 dit.					
107		Brunier de Berneuil, »	33	14000	»		
108		A. Delorme de Chamboulive, »	35	2800	»		
109		P. Andrieux de Darnetal, »	37	5680	»		
110		Chevalier de Favernay, »	39	6999	»		
111		Florentin de Gien, »	41	9969	»		
112		F. Garnier d'Hennebout, »	43	10199	»		
113		L. Hermann de Jougne, »	45	1204	»		
114		M. Jacquinot de l'Aigle, »	47	3948	»		
115		N. Laurencin de Mézières, »	49	7644	»		
116		O. Marchand de Nancy, »	51	9989	»		
117		Ph. Normand de Péronne, »	53	12545	»		
				191458	»		191458 »

Folio	Art.	Désignation			F°	Sommes		Sous-totaux		Art.	Totaux	
		6 mai 1862.										
	101	Les suivants à Caisse										
106		F. Favre de Rouen,		son mand^{t} à vue	1	300	»					
106		Armand d'Elbeuf,		»	3	320	»					
106		N. Lebrun d'Elbeuf.		»	5	400	»					
106		F. Arnaud de Sédan,		»	7	430	»			2	3895	»
106		B. Granjon de Sédan		»	9	540	»					
106		G. Fournier de Bischwiller,		»	11	560	»					
106		C. Lenoir de Bischwiller,		»	13	670	»					
106		J. Valentin de Lille,		»	15	675	»					
		7 dit.										
	107	Les suivants à J.-B. Brunier de Berneuil.										
101		Caisse	Espèces		17	5170	»					
103		Marchandises g^{les}	Renvoi	f^{re} 4 mai.	19	500	»	6000	»			
105		Profits et Pertes	Es^{te}		21	330	»			4	20000	»
101		Caisse	Espèces		23	12220	»					
103		Marchandises g^{les}	Renvoi	f^{re} 5 mai.	25	1000	»	14000	»			
105		Profits et Pertes	Es^{te}		27	780	»					
		8 dit.										
	108	Les suivants à Delorme de Chamboulive.										
101		Caisse	Espèces		29	5640	»					
103		Marchandises g^{les}	Renvoi	f^{re} 4 mai.	31	100	»	6100	»			
105		Profits et Pertes	Es^{te}		33	360	»			6	8900	»
101		Caisse	Espèces		35	1880	»					
103		Marchandises g^{les}	Renvoi	f^{re} 5 mai.	37	800	»	2800	»			
105		Profits et Pertes	Es^{te}		30	120	»					
		9 dit.										
	109	Les suivants à Andrieux de Darnetal.										
101		Caisse	Espèces		41	5640	»					
103		Marchandises g^{les}	Renvoi	f^{re} 4 mai.	43	341	»	6341	»			
105		Profits et Pertes	Es^{te}		45	360	»			8	12021	»
101		Caisse	Espèces		40	4700	»					
103		Marchandises g^{les}	Renvoi	f^{re} 5 mai.	51	680	»	5680	»			
105		Profits et Pertes	Es^{te}		53	300	»					
		10 dit.										
	110	Les suivants à Chevalier de Favernay.										
101		Caisse	Espèces		55	5640	»					
103		Marchandises g^{les}	Renvoi	f^{re} 4 mai.	57	292	»	6292	»			
105		Profits et Pertes	Es^{te}		59	360	»			10	13291	»
111		Caisse	Espèces		61	5640	»					
103		Marchandises g^{les}	Renvoi	f^{re} 5 mai.	63	999	»	6999	»			
105		Profits et Pertes	Es^{te}		65	360	»					
		11 dit.										
	111	Les suivants à Florentin de Gien.										
101		Caisse	Espèces		67	5640	»					
103		Marchandises g^{les}	Renvoi	f^{re} 4 mai.	69	494	»	6494	»			
105		Profits et Pertes	Es^{te}		71	360	»			12	16463	»
101		Caisse	Espèces		73	8460	»					
103		Marchandises g^{les}	Renvoi	f^{re} 5 mai.	75	969	»	9969	»			
105		Profits et Pertes	Es^{te}		77	540	»					
						74570	»				74570	»

Folio	N°	Libellé			Art.	Sommes	Totaux	Art.	Totaux
		12 mai 1862.							
	112	Les suivants à Garnier d'Hennebout.							
101		Caisse	Espèces	fre 4 mai.	1	5640 »	6595 »	2	16794 »
103		Marchandises gles	Rendu		3	595 »			
105		Profits et Pertes	Escompte		5	360 »			
101		Caisse	Espèces	fre 5 mai.	7	9400 »	10199 »		
103		Marchandises gles	Rendu		9	199 »			
105		Profits et Pertes	Escompte		11	600 »			
		13 dit.							
	113	Les suivants à L. Hermann de Jougne.							
101		Caisse	Espèces	fre 4 mai.	13	5640 »	6637 »	4	7841 »
103		Marchandises gles	Renvoi		15	637 »			
105		Profits et Pertes	Escompte		17	360 »			
101		Caisse	Espèces	fre 5 mai.	19	940 »	1204 »		
103		Marchandises gles	Renvoi		21	204 »			
105		Profits et Pertes	Escompte		23	60 »			
		14 dit.							
	114	Les suivants à Jacquinot de l'Aigle.							
101		Caisse	Espèces	fre 4 mai.	25	5640 »	6748 »	6	10696 »
103		Marchandises gles	Renvoi		27	748 »			
105		Profits et Pertes	Escompte		29	360 »			
101		Caisse	Espèces	fre 5 mai.	31	2820 »	3948 »		
103		Marchandises gles	Renvoi		33	948 »			
105		Profits et Pertes	Escompte		35	180 »			
		15 dit.							
	115	Les suivants à N. Laurencin de Mézières.							
118		Germain Cte de Vge	Espèces	fre 4 mai.	37	5640 »	6199 »	8	13843 »
103		Marchandises gles	Rendu		39	199 »			
105		Profits et Pertes	Escompte		41	360 »			
118		Germain Cte de Vge	Espèces	fre 5 mai.	43	5640 »	7644 »		
103		Marchandises gles	Rendu		45	1644 »			
105		Profits et Pertes	Escompte		47	360 »			
		16 dit.							
	116	Les suivants à O. Marchand de Nancy.							
118		Germain Cte de Vge	Espèces	fre 4 mai.	49	5640 »	6237 »	10	16226 »
103		Marchandises gles	Rendu		51	237 »			
105		Profits et Pertes	Escompte		53	360 »			
118		Germain Cte de Vge	Espèces	fre 5 mai.	55	8460 »	9989 »		
103		Marchandises gles	Rendu		57	989 »			
105		Profits et Pertes	Escompte		59	540 »			
		17 dit.							
	117	Les suivants à P. Normand de Péronne.							
118		Germain Cte de Vge	Espèces	fre 4 mai.	61	5640 »	6943 »	12	19488 »
103		Marchandises gles	Rendu		63	943 »			
105		Profits et Pertes	Escompte		65	360 »			
118		Germain Cte de Vge	Espèces	fre 5 mai.	67	11280 »	12545 »		
103		Marchandises gles	Rendu		69	545 »			
105		Profits et Pertes	Escompte		71	720 »			
						84888 »			84888 »

18 mai 1862.

101	118				Caisse à G. Germain, Cte de Vge Son envoi en Bts de Banque.	1	42300	»			2	42300	»
					18 dit.								
103	105				• Marchandises gles à Profits et Pertes. Bénéfice sur ce compte.	3	7396	50			4	7396	50
					20 dit.								
100	100				N/S/ Alexandre Cte Ct à meubles et ustensiles Pour balance dudit compte.	5	6000	»			6	6000	»
					31 dit.								
105	100				Profits et Pertes à N/S/ Alexandre Cte de levées Pour balance dudit compte.	7	2000	»			8	2000	»
					31 dit.								
100	100				N/ S/ Alexandre Cte de fonds A lui-même compte court Pour balance dudit compte.	9	24000	»			10	24000	»
					31 dit.								
105	101				Profits et Pertes, à N/S/Alexandre Cte de fds Balance dudit Cet	11	519	»			12	519	»
					31 dit.								
100	101				N/S/Alexandre Cte de fonds à Caisse Compté pour solde.	13	224519	»			14	224519	»
							306734	50				306734	50

Contrôle.

	Débit.		f° 1	Crédit.	
1	....	»	2	200000	»
3	....	»	4	......	»
5	....	»	6	......	»
7	6000	»	8	6000	»
9	....	»	10	....	»
11	...	»	12	4854	»
			14	5840	»
			16	6549	»
			18	9180	»
			20	10095	»
			22	19799	»
			24	25964	60
			26	6295	»
D.	6000	»		288576	60
C.	100000	»		......	»
M.	132076	60		......	»
T.	50000	»		......	»
P.	500	»		......	»
	288576	60		288576	60

Balance du 1er mars 1862.
Journal f° 1.

	Débit.		f°	Crédit.	
Report. .	6000	»	2	288576	60
			2	....	»
1	4559	»	4	1559	»
3	4964	»	6	....	»
5	5566	»	8	1464	»
7	7262	»	10	....	»
9	9084	»	12	966	»
11	17820	»	14	...	»
			16	1462	»
			18	....	»
			20	2984	»
			22	....	»
			24	1235	»
Add°n à reporter.	55255	»		298246	60

	Débit.		f°	Crédit.	
Report. .	55255	»	3	298246	60
1	23368	»	2	12953	»
3	6295	»	4	6295	»
5	8791	»	6	....	»
7	14392	»	8	....	»
9	6083	»			
11	9125	»			
13	11289	»			
15	6779	»			
17	10075	50			
19	11400	60			
21	6089	85			
23	8268	30			
25	6995	35			
D.	184206	60		317494	60
C.	100000	»		.....	»
M.	132076	60		39288	60
T.	50000	»		50000	»
P.	500	»		.....	»
	466783	20		466783	20

Balance du 1er au 18 mars.
Journal f° 2 à 3.

Controle.

	Débit.			Crédit.	
Report.	184206	60	f° 4	317494	60
1	1559	»	2	....	»
3	1464	»	4	528	»
5	966	»	6	964	»
7	1462	»	8	365	»
9	2984	»	10	548	»
11	1235	»	12	678	»
13	10000	»	14	407	»
15	6295	»	16	604	50
17	2953	»	18	684	60
19	....	»	20	365	85
21	....	»	22	418	35
			24	496	30
			26	93229	»
Addition	213124	60	5	416783	20
1	93229	»	2	8263	»
3	11241	»	4	13428	»
5	9834	»			
7	6969	»	6	5718	»
9	9696	»	8	8577	»
11	8565	»	10	10611	»
13	5658	»	12	6372	»
15	13243	»	14	9471	»
17	4232	»	16	10716	»
19	8787	»	18	5724	»
21	7878	»	20	7772	»
23	14160	»	22	6577	»
Add°n à reporter.	406615	60		510012	20

	Débit.			Crédit.	
Report.	406615	60	6	510012	20
1	9658	60	2	....	»
3			4	6000	»
			6	5000	»
			8	3000	»
			10	4000	»
			12	5000	»
			14	4000	»
			16	7000	»
			18	3000	»
			20	4000	»
			22	4000	»
			24	6266	»
			26	5241	»
			28	4834	»
			30	3969	»
			32	5696	»
			34	3565	»
			36	1658	»
			38	6243	»
			40	1231	»
			42	4787	»
			44	3878	»
			46	7894	»
Addition	416274	20	7	610274	20
			2		
1	....	»	4	....	»
3	....	»	6	....	»
5	....	»	8	4819	50
7	....	»	10	9184	»
			12	5341	»
			14	1435	»
			16	1557	»
			18	7551	»
			20	8432	»
			22	12203	»
A report.	416274	20		660796	70

Contrôle.

	Débit.			Crédit.	
Report. .	416274	20	8	660796	70
1	. . . . . .	»	2	4941	»
			4	5839	»
			6	7536	»
			8	8240	»
			10	9154	»
			12	10188	»
			14	4833	»
			16	6947	»
D.	416274	20		718474	70
C.	199761	»		28918	»
M.	333506	10		199550	60
T.	150262	»		150262	»
P.	7060	60		9658	60
	1106863	90		1106863	90

Balance du 18 mars au 8 avril,
Journal f° 3 à 8.

	Débit.			Crédit.	
Report. .	416274	20	8	718474	70
3	4819	50	18	. . . . . .	»
5	9184	»	20	. . . . . .	»
7	5341	»	24	. . . . . .	»
9	1435	»	26	. . . . . .	»
11	1557	»	28	. . . . . .	»
			30	. . . . . .	»
			32	. . . . . .	»
			34	. . . . . .	»
			36	. . . . . .	»
Add°n à reporter.	438610	70		718474	70

	Débit.			Crédit.	
Report. .	438610	70	9	718474	70
1	7551	»	2	. . . . . .	»
3	8432	»	4	. . . . . .	»
5	12203	»	6	. . . . . .	»
7	4941	»	8	. . . . . .	»
9	5839	»	10	. . . . . .	»
11	7536	»	12	. . . . . .	»
			14	. . . . . .	»
			16	. . . . . .	»
			18	4000	»
			20	. . . .	»
			22	3039	»
			24	. . . .	»
			26	4000	»
Addition	485112	70	10	729513	70
1	8240	»	2	. . . . . .	»
3	9154	»	4	2000	»
5	10188	»	6	. . . .	»
7	4833	»	8	. . . .	»
9	6947	»	10	2100	»
			12	. . . .	»
			14	. . . .	»
			16	5000	»
			16½	. . . .	»
			18	4800	»
			20	33	»
			22	. .	»
			24	947	»
			26	3000	»
Addition	524474	70	11	747393	70
1	4000	»	2	. . . . . .	»
3	3039	»	4	. . . . . .	»
5	4000	»	6	. . . . . .	»
7	3000	»	8	. . . . . .	»
9	14880	»	1	. . . . . .	»
Add°n à reporter.	553393	70		747393	70

Contrôle.

	Débit.		Crédit.	
D.	553393	70	747393	70
C.	199761	»	132357	»
M.	333506	10	203297	60
T.	150262	»	150262	»
P.	7060	60	10673	10
	1243983	40	1243983	40

Balance du 8 au 30 avril,
Journal f°s 8 à 11.

	Débit			Crédit	
Report. .	553393	70	12	747393	70
1	. . . . . .	»	2	4000	»
3	. . . . . .	»	4	10000	»
5	. . . . . .	»	6	16000	»
7	2000	»	8	. . . .	»
9	. . . .	»	10	300	»
11	6000	»	12	320	»
13	6100	»	14	400	»
15	6341	»	16	430	»
17	6292	»	18	540	»
19	6494	»	20	560	»
21	6595	»	22	670	»
23	6637	»	24	675	»
25	6748	»			
27	6199	»			
29	6237	»			
31	6943	»			
33	14000	»			
35	2800	»			
37	5680	»			
39	6999	»			
41	9969	»			
43	10199	»			
45	1204	»			
47	3948	»			
49	7644	»			
51	9989	»			
53	12545	»			
Add^on à reporter.	710956	70		781288	70

	Débit.			Crédit.	
Report. .	710956	70	13	781288	70
1	300	»	2	. . . . . .	»
3	320	»	4	20000	»
5	400	»	6	8900	»
7	430	»	8	12021	»
9	540	»	10	13291	»
11	560	»	12	16463	»
13	670	»			
15	675	»			
Add^on à reporter.	714851	70		851963	70
17 à 27	. . . . . .	»			
29 à 39	. . . . . .	»			
41 à 53	. . . . . .	»			
55 à 65	. . . . . .	»			
67 à 77	. . . . . .	»			
Report. .	714851	70	14	851963	70
1 à 11	. . . . . .	»	2	16794	»
13 à 23	. . . . . .	»	4	7841	»
25 à 35	. . . . . .	»	6	10696	»
37	5640	»	8	13843	»
39 à 41	. . . .	»	10	16226	»
43	5640	»	12	19488	»
45 à 47	. . . .	»			
49	5640	»			
51 à 53	. . . .	»			
55	8460	»			
57 à 59	. . . .	»			
61	5640	»			
63 à 65	. . . .	»			
67	11280	»			
69	. . . . .	»			
à	. . . . .	»			
71	. . . . .	»			
Add^on à reporter.	757151	70		936851	70

Contrôle.

	Débit.			Crédit.		Débit.	Crédit.
D.	757151	70		936851	70		
C.	320471	»		138252	»		
M.	351464	10		358860	60		
T.	150262	»		150262	»		
P.	15550	60		10673	10		
	1594899	40		1594899	40		
	Balance du 1er au 31 mai. Journal f° 12 à 14.						
Report .	757151	70	15	936851	70		
1	. . .	»	2	42300	»		
3	. . .	»	4	. . . . .	»		
5	6000	»	6	6000	»		
7	. . .	»	8	2000	»		
9	24000	»	10	24000	»		
11	. . . .	»	12	519	»		
13	224519	»	14	. . .	»		
D.	1011670	70		1011670	70		
C.	362771	»		362771	»		
M.	358860	60		358860	60		
T.	150262	»		150262	»		
P.	18069	60		18069	60		
	1901633	90		1901633	90		
	31 mai 1862. Balance de Clôture. Journal f° 15.						

GRAND LIVRE.

100

N/ S/ ALEXANDRE

1862. Mai.	31	à Caisse	Compté p[r] solde.	15	13	224519	»
						224519	»

N/ S/ ALEXANDRE

1862. Mai.	20	à Meubles et Ustensiles	Balance.	15	5	6000	»
»	31	à Lui-même Cte de fonds	pour Balance.	15	9	24000	»
						30000	»

N/ S/ ALEXANDRE

1862. Mai.	4	à Caisse	Compté.	12	7	2000	»

MEUBLES ET

1862. Mars.	1	à N/ S/ Alexandre	Agencem[t] des Mag[ins].	1	7	6000	»

COMPTE DE FONDS.

Date		Libellé		Folio		Montant	
1862. Mars.	1	Par divers	mise de fonds.	1	2	200000	»
Mai.	31	Par Lui-même Cte C[t]	Balance.	15	10	24000	»
»	»	Par Profits et Pertes	id.	15	12	519	»
						224519	»

COMPTE COURANT.

Date		Libellé		Folio		Montant	
1862. Mai.	1	Par Caisse		12	2	4000	»
»	2	id.		»	4	10000	»
»	3	id.		»	6	16000	»
						30000	»

COMPTE DE LEVÉES.

Date		Libellé		Folio		Montant	
1862. Mai.	31	Par Profits et Pertes	Balance.	15	8	2000	»

USTENSILES.

Date		Libellé		Folio		Montant	
1862. Mai.	20	Par N/ S/ Alexandre	pour Balance.	15	6	6000	»

1862. Mars.	1	à N/ S/ Alexandre,	Espèces.			1	1	100000	»
Avril.	6	à Traites et R^{es}	Encaissement.			7	1	51010	»
»	7	à Traites et R^{es}	id.	199761	»	»	3	48751	»
Mai.	1	à N/ S/ Alexandre	s/ versement.			12	1	4000	»
»	2	à N/ S/ Alexandre	id.			»	3	10000	»
»	3	à N/ S/ Alexandre	id.			»	5	16000	»
»	6	à J.-B. Brunier	Reçu.			13	17	5170	»
»	»	à id. id.	id.			»	23	12220	»
»	7	à A. Delorme	id.			»	29	5640	»
»	»	à id. id.	id.			»	35	1880	»
»	8	à J.-P. Andrieux	id.			»	41	5640	»
»	»	à id. id.	id.			»	49	4700	»
»	9	à H. Chevalier	id.			»	55	5640	»
»	»	à id. id.	id.			»	61	5640	»
»	10	à B. Florentin	id.			»	67	5640	»
»	»	à id. id.	id.			»	73	8460	»
»	12	à F. Garnier	id.			14	1	5640	»
»	13	à L. Hermann	id.			»	13	5640	»
»	14	à Jacquinot	id.			»	25	5640	»
»	15	à F. Garnier	id.			»	7	9400	»
»	»	à L. Hermann	id.			»	19	940	»
»	»	à Jacquinot	id.	320471	»	»	31	2820	»
»	18	à Germain	Cie de V^{ge}, B^{t} de Banque.	362771	»	15	1	42300	»
								362771	»

CAISSE | Avoir.

1862. Mars.	19	»	Promesses et Traites	9 B[ts] à vue o/ div[rs].	28918	»	4	2	28918	»
Avril.	8	»	F. Favre	1 M[t] à vue.			8	18	3200	»
»	9	»	J. Armand	2 id.			»	24	7810	»
»	10	»	N. Lebrun	2 id.			»	30	5300	»
»	11	»	F. Arnaud	1 id.			»	34	1435	»
»	12	»	B. Granjon	2 id.			»	36	1557	»
»	14	»	G. Fournier	3 id.			9	2	7541	»
»	»	»	C. Lenoir	3 id.			»	6	8400	»
»	15	»	Valentin	3 id.			»	10	12000	»
»	16	»	F. Favre	1 id.			»	16	941	»
»	17	»	J. Armand	2 id.			»	20	2800	»
»	18	»	N. Lebrun	1 id.			»	24	3536	»
»	19	»	F. Arnaud	2 id.			10	2	5000	»
»	20	»	B. Granjon	3 id.			»	8	7000	»
»	21	»	G. Fournier	3 id.			»	14	5000	»
»	23	»	Valentin	1 id.			»	22	3000	»
»	24	»	Promesses et T[es]	2 B[ts] o/ divers.			11	2	4000	»
»	25	»	id. id.	2 id. id.			»	4	3039	»
»	26	»	id. id.	3 id. id.			»	6	4000	»
»	27	»	id. id.	3 id. id.			»	8	3000	»
»	30	»	id. id.	9 id. id.	132357	»	»	10	14880	»
Mai.	4	»	N/ S/ Alexandre	Cte de levées, compté.	134357	»	12	8	2000	»
»	6	»	Divers	payé L/ F[res].	138252	»	13	2	3895	»
»	31	»	N/ S/ Alexandre	compté pour solde.	362771	»	15	14	224519	»
									362771	»

103 MARCHANDISES

1862.								Débit.	
Mars.	1	à N/ S/ Alexandre	Mes en Magasin			1	5	43500	»
»	1	à Divers en fabrique	Achats.	132076	60	1	11	88576	60
»	20	à C. Leblond	11 fres			4	21	93229	»
Avril.	8	à Divers	Achats.	333506	10	8	1	108200	50
Mai.	4	à Divers	id.			12	9	3895	»
»	7	à J. B. Brunier	Renvoi.			13	19	500	»
»	»	au dit	id.			»	25	1000	»
»	8	à Delorme	id.			»	31	100	»
»	»	au dit	id.			»	37	800	»
»	9	à J. P. Andrieux	id.			»	43	341	»
»	»	au dit.	id.			»	51	680	»
»	10	à Chevalier	id.			»	57	292	»
»	»	au dit	id.			»	63	999	»
»	11	à B. Florentin	id.			»	69	494	»
»	»	au dit	id.			»	75	969	»
»	12	à Garnier	id.			14	3	595	»
»	»	au dit	id.			»	9	199	»
»	13	à L. Hermann	id.			»	15	637	»
»	»	au dit	id.			»	21	204	»
»	14	à Jacquinot	id.			»	27	748	»
»	»	au dit	id.			»	33	948	»
»	15	à N. Laurencin	id.			»	39	199	»
»	»	au dit	id.			»	45	1644	»
»	16	à O. Marchand	id.			»	51	237	»
»	»	au dit	id.			»	57	989	»
»	17	à P. Normand	id.			»	63	943	»
»	»	au dit	id.	351464	10	»	69	545	»
»	18	à Profits et Pertes	Bénéfice.			15	3	7396	50
								358860	60

1862.								Crédit.	
Mars.	18	par Divers	Ventes.			3	8	99288	60
»	31	» Divers	id.	199550	60	5	24	100262	»
Avril.	8	» F. Favre	Renvoi.			8	20	819	»
»	9	» J. Armand	pour compte.			»	26	1300	»
»	15	» Valentin	Renvoi.			9	12	200	»
»	19	» F. Arnaud	Renvoi et Racourt			10	6	1240	»
»	21	» G. Fournier.	Renvoi et Emb[ge]	203297	60	»	16½	188	»
Mai.	5	» Divers.	Ventes.	358860	60	12	26	155563	»
								358860	60

1862.								Débit.	
Mars.	1	à N/ S/ Alexandre	1000					3000	»
»	»		1001					3500	»
»	»		1002					4600	»
»	»		1003					5800	»
»	»		1004					6100	»
»	»		1005					7000	»
»	»		1006					4640	»
»	»		1007					4945	»
»	»		1008					5454	»
»	»		1009					3841	»
»	»		1010	50000	»	1	3	1120	»
Avril.	5	à Divers	1011					6000	»
»	»		1012					5000	»
»	»		1013					3000	»
»	»		1014					4000	»
»	»		1015					5000	»
»	»		1016					4000	»
»	»		1017					7000	»
»	»		1018					3000	»
»	»		1019					4000	»
»	»		1020					4000	»
»	»		1021					6266	»
»	»		1022					5241	»
»	»		1023					4834	»
»	»		1024					3969	»
»	»		1025					5696	»
»	»		1026					3565	»
»	»		1027					1658	»
»	»		1028					6243	»
»	»		1029					1231	»
»	»		1030					4787	»
»	»		1031					3878	»
»	»		1032	100262	»	6	3	7894	»
				150262	»			150262	»

REMISES.

1862.									Crédit.	
Mars.	2	par F. Favre	1000				2	2	3000	»
»	»	» J. Arnaud	1001				»	6	3500	»
»	3	» N. Lebrun	1002				»	10	4600	»
»	4	» F. Arnaud	1003				»	14	5800	»
»	»	» Granjon	1004				»	18	6100	»
»	5	» Fournier	1005 }				»		7000 }	»
»	»		1006 }	16585 »			»	22	4640 }	»
»	»		1007 }				»		4945 }	»
»	6	» Lenoir	1008 }				3		5454 }	»
»	»		1009 }	10415 »			»	2	3841 }	»
»	»		1010 }		50000	»	»		1120 }	»
»	6	» Caisse	1011				7	2	6000	»
»	»		1012						5000	»
»	»		1013						3000	»
»	»		1014						4000	»
»	»		1015						5000	»
»	»		1016						4000	»
»	»		1017						7000	»
»	»		1018						3000	»
»	»		1019						4000	»
»	7	» Caisse	1020	perte 256 »	51010	»	...	...	4000	»
»	»		1021						6266	»
»	»		1022				7	4	5241	»
»	»		1023						4834	»
»	»		1024						3969	»
»	»		1025						5696	»
»	»		1026						3565	»
»	»		1027						1658	»
»	»		1028						6243	»
»	»		1029						1231	»
»	»		1030						4787	»
»	»		1031						3878	»
»	»		1032	perte 245 »	48751	»	...	...	7894	»
	7	» Profits et Pertes		es^{tes} et p^{tes} 501 »	501	»			»	»
					150262	»			150262	»

105 **PROFITS** ET

1862.								Débit.	
Mars.	1	à N/ S/ Alexandre	Frais de V^ge^			1	9	500	»
»	20	à Divers	Escomptes etc.			4	19	6059	60
Avril.	7	à Traites et Remises	id.	7060	60	7	5	501	»
Mai.	7	à J. B. Brunier	id.			13	21	330	»
»	»	à id. id.	id.			»	27	780	»
»	8	à Delorme	id.			»	33	360	»
»	»	à id.	id.			»	39	120	»
»	9	à J. P. Andrieux	id.			»	45	360	»
»	»	à id.	id.			»	53	300	»
»	10	à H. Chevalier	id.			»	59	360	»
»	»	à id.	id.			»	65	360	»
»	11	à B. Florentin	id.			»	71	360	»
»	»	à id.	id.			»	77	540	»
»	12	à F. Garnier	id.			14	5	360	»
»	»	à id.	id.			»	11	600	»
»	13	à L. Hermann	id.			»	17	360	»
»	»	à id.	id.			»	23	60	»
»	14	à M. Jacquinot	id.			»	29	360	»
»	»	à id.	id.			»	35	180	»
»	15	à N. Laurencin	id.			»	41	360	»
»	»	à id.	id.			»	47	360	»
»	16	à O. Marchand	id.			»	53	360	»
»	»	à id.	id.			»	59	540	»
»	17	à P. Normand	id.			»	65	360	»
»	»	à id.	id.	15550	60	»	71	720	»
»	31	à N/ S/ Alexandre, levées	Balance.	17550	60	15	7	2000	»
»	»	à N/ S/ Alexandre c^te^ de f^ds^	Balance.			15	11	519	»
								18069	60

PERTES.

								Crédit.	
1862. Mars.	31	par Divers en fabrique	Escomptes.	9658	60	6	2	9658	60
Avril.	8	» F. Favre	id.			8	22	800	50
»	9	» J. Armand	id. diff. de M^ge			»	28	74	»
»	10	» N. Lebrun	Rabais.			»	32	41	»
»	14	» G. Fournier	id.			9	4	10	»
»	»	» C. Lenoir	id.			»	8	32	»
»	15	» Valentin	id.			»	14	3	»
»	20	» B. Granjon	id.	10673	10	10	12	54	»
Mai.	20	» M^es g^les	bénéfice s/ ce c^te	18069	60	15	4	7396	50
								18069	60

106 DIVERS EN

Date	Jour	Compte	Nom	Esc[tes].	c.	F°	L.	Montant	c.
1862. Mars.	2	à Divers	F. Favre.	295	»	2	1	4559	»
»	»	id.	J. Armand.	876	»	»	3	4964	»
»	3	id.	N. Lebrun.	983	»	»	5	5566	»
»	4	id.	F. Arnaud.	1918	»	»	7	7262	»
»	»	id.	B. Granjon.	1011	»	»	9	9084	»
»	5	id.	G. Fournier.	1979	»	»	11	17820	»
»	6	id.	C. Lenoir.	2596	60	3	1	23368	»
»	7	id.	Valentin.			»	3	6295	»
		à Profits et Pertes	Divers ci-dessus, es[te].	9658	60	6	1	9658	60
								88576	60
1862. Mars.	25	à Divers	C. Leblond.			5	1	93229	»
Avril.	9	id.	F. Favre.			8	3	4819	50
»	10	id.	J. Armand.			»	5	9184	»
»	»	id.	N. Lebrun.			»	7	5341	»
»	11	id.	F. Arnaud.			»	9	1435	»
»	12	id.	B. Granjon.			»	11	1557	»
»	14	id.	G. Fournier.			9	1	7551	»
»	»	id.	C. Lenoir.			»	3	8432	»
»	15	id.	Valentin.			»	5	12203	»
»	16	id.	F. Favre.			»	7	4941	»
»	17	id.	J. Armand.			»	9	5839	»
»	18	id.	N. Lebrun.			»	11	7536	»
»	19	id.	F. Arnaud.			10	1	8240	»
»	20	id.	B. Granjon.			»	3	9154	»
»	21	id.	G. Fournier.			»	5	10188	»
»	22	id.	C. Lenoir.			»	7	4833	»
»	23	id.	Valentin.			»	9	6947	»
								201429	50
1862. Mai.	6	à Caisse	F. Favre.			13	1	300	»
»	»	id.	J. Armand.			»	3	320	»
	»	id.	N. Lebrun.			»	5	400	»
	»	id.	F. Arnaud.			»	7	430	»
»	»	id.	B. Granjon.			»	9	540	»
»	»	id.	G. Fournier.			»	11	560	»
»	»	id.	C. Lenoir.			»	13	670	»
»	»	id.	Valentin.			»	15	675	»
								3895	»

FABRIQUE.

1862. Mars.	1	par March^ses^ générales	F. Favre.	sa fact^re^	1 12	4854	»
»	»	id. id.	J. Armand.	id.	» 14	5840	»
»	»	id. id.	N. Lebrun.	id.	» 16	6549	»
»	»	id. id.	F. Arnaud.	id.	» 18	9180	»
»	»	id. id.	B. Granjon.	id. 2	» 20	10095	»
»	»	id. id.	G. Fournier.	id. 3	» 22	19799	»
»	»	id. id.	C. Lenoir.	id. 4	» 24	25964	60
»	»	id. id.	Valentin.	id. 2	» 26	6295	»
						88576	60
1862. Mars.	20	par March^ses^ générales	C. Leblond.	11 f^res^	4 26	93229	»
Avril.	8	id. id.	F. Favre.	f. 28 M^rs^	7 8	4819	50
»	»	id. id.	J. Armand.	» 28 »	» 10	9184	»
»	»	id. id.	N. Lebrun.	» 29 »	» 12	5341	»
»	»	id. id.	F. Arnaud.	» 31 »	» 14	1435	»
»	»	id. id.	B. Granjon.	» 2 Av^il^	» 16	1557	»
»	»	id. id.	G. Fournier.	» 2 »	» 18	7551	»
»	»	id. id.	C. Lenoir.	» 3 »	» 20	8432	»
»	»	id. id.	Valentin.	» 3,4,5	» 22	12203	»
»	»	id. id.	F. Favre.	» 6 »	8 2	4941	»
»	»	id. id.	J. Arnaud.	» 7 »	» 4	5839	»
»	»	id. id.	N. Lebrun.	» 8 »	» 6	7536	»
»	»	id. id.	F. Arnaud.	» 9 »	» 8	8240	»
»	»	id. id.	B. Granjon.	» 10 »	» 10	9154	»
»	»	id. id.	G. Fournier.	» 11 »	» 12	10188	»
»	»	id. id.	C. Lenoir.	» 12 »	» 14	4833	»
»	»	id. id.	Valentin.	» 13 »	» 16	6947	»
						201429	50
1862. Mai.	4	par March^ses^ générales	F. Favre.	f^re^ 4 c^t^	112 10	300	»
»	»	id. id.	J. Armand.	»	» 12	320	»
»	»	id. id.	N. Lebrun.	»	» 14	400	»
»	»	id. id.	F. Arnaud.	»	» 16	430	»
»	»	id. id.	B. Granjon.	»	» 18	540	»
»	»	id. id.	G. Fournier.	»	» 20	560	»
»	»	id. id.	C. Lenoir.	»	» 22	670	»
»	»	id. id.	Valentin.	»	» 24	675	»
						3895	»

107		**J. B. BRUNIER**					
1862. Mars.	8	à Marchand^ses générales Vente.	8791	»	3	5	8791 »
»	20	à id. id. id.			5	3	11241 »
Mai.	4	à id. id. id.			12	11	6000 »
»	5	à id. id. id.			»	33	14000 »
							40032 »
108		**A. DELORME**					
1862. Mars.	9	à Marchand^ses générales Vente.			3	7	14392 »
»	21	à id. id. id.			5	5	9834 »
Mai.	4	à id. id. id.			12	13	6100 »
»	5	à id. id. id.			»	35	2800 »
							33126 »
109		**P. ANDRIEUX**					
1862. Mars.	10	à Marchand^ses générales Vente.			3	9	6083 »
»	22	à id. id. id.			5	7	6969 »
Mai.	4	à id. id. id.			12	15	6341 »
»	5	à id. id. id.			»	37	5680 »
							25073 »
110		**H. CHEVALIER**					
1862. Mars.	11	à Marchand^ses générales Vente.			3	11	9125 »
»	23	à id. id. id.			5	9	9696 »
Mai.	4	à id. id. id.			12	17	6292 »
»	5	à id. id. id.			»	39	6999 »
							32112 »

DE BERNEUIL.

1862. Mars.	20	par Profits et Pertes	Escompte.	4	4	528	»
»	25	par C. Leblond	Traite à vue.	5	2	8263	»
»	31	par Traites et Remises	Billet à vue.	6	4	6000	»
»	»	par Traites et Remises	Billet à vue.	6	26	5241	»
Mai.	7	par Divers	Divers.	13	4	20000	»
						40032	»

DE CHAMBOULIVE.

1862. Mars.	20	par Profits et Pertes	Escompte.	4	6	964	»
»	25	par C. Leblond.	Traite à vue.	5	4	13428	»
»	31	par Traites et Remises	Billet à vue.	6	6	5000	»
»	»	par Traites et Remises	Billet à vue.	6	28	4834	»
Mai.	8	par Divers	Divers.	13	6	8900	»
						33126	»

DE DARNETAL.

1862. Mars.	20	par Profits et Pertes	Escompte.	4	8	365	»
»	25	par C. Leblond	Traite à vue.	5	6	5718	»
»	31	par Traites et Remises	Billet à vue.	6	8	3000	»
»	»	par Traites et Remises	Billet à vue.	6	30	3969	»
Mai.	9	par Divers	Divers.	13	8	12021	»
						25073	»

DE FAVERNAY.

1862. Mars.	20	par Profits et Pertes	Escompte.	4	10	548	»
»	25	par C. Leblond	Traite à vue.	5	8	8577	»
»	31	par Traites et Remises	Billet à vue.	6	10	4000	»
»	»	par Traites et Remises	Billet à vue.	6	32	5696	»
Mai.	10	par Divers	Divers.	13	10	13291	»
						32112	»

111 — B. FLORENTIN

Date								Fr.	c.
1862. Mars.	12	à Marchand[ses] générales	Vente			3	13	11289	»
»	24	à id. id.	id.			5	11	8565	»
Mai.	4	à id. id.	id.			12	19	6494	»
»	5	à id. id.	id.			»	41	9969	»
								36317	»

112 — F. GARNIER

Date								Fr.	c.
1862. Mars.	13	à Marchand[ses] générales	Vente			3	15	6779	»
»	25	à id. id.	id.			5	13	5658	»
Mai.	4	à id. id.	id.			12	21	6595	»
»	5	à id. id.	id.			»	43	10199	»
								29231	»

113 — L. HERMANN

Date								Fr.	c.
1862. Mars.	14	à Marchand[ses] générales	Vente			3	17	10075	50
»	26	à id. id.	id.			5	15	13243	»
Mai.	4	à id. id.	id.			12	23	6637	»
»	5	à id. id.	id.			»	45	1204	»
								31159	50

114 — M. JACQUINOT

Date								Fr.	c.
1862. Mars.	15	à Marchand[ses] générales	Vente			3	19	11400	60
»	27	à id. id.	id.			5	17	4231	»
Mai.	4	à id. id.	id.			12	25	6748	»
»	5	à id. id.	id.			»	47	3948	»
								26327	60

DE GIEN.

1860. Mars.	20	par Profits et Pertes	Escompte.	4	12	678	»
»	25	par C. Leblond	Traite à vue.	5	10	10611	»
»	31	par Traites et Remises	Billet à vue.	6	12	5000	»
»	»	par Traites et Remises	Billet à vue.	6	34	3565	»
Mai.	11	par Divers	Divers.	13	12	16463	»
						36317	»

D'HENNEBOUT.

1860. Mars.	20	par Profits et Pertes	Escompte.	4	14	407	»
»	25	par C. Leblond.	Traite à vue.	5	12	6372	»
»	31	par Traites et Remises	Billet à vue.	6	14	4000	»
»	»	par Traites et Remises	Billet à vue.	6	36	1658	»
Mai.	12	par Divers	Divers.	14	2	16794	»
						29231	»

DE JOUGNE.

1860. Mars.	20	par Profits et Pertes	Escompte.	4	16	604	50
»	25	par C. Leblond	Traite à vue.	5	14	9471	»
»	31	par Traites et Remises	Billet à vue.	6	16	7000	»
»	»	par Traites et Remises	Billet à vue.	6	38	6243	»
Mai.	13	par Divers	Divers.	14	4	7841	»
						31159	50

DE L'AIGLE.

1860. Mars.	20	par Profits et Pertes	Escompte.	4	18	684	60
»	25	par C. Leblond	Traite à vue.	5	16	10716	»
»	31	par Traites et Remises	Billet à vue.	6	18	3000	»
»	»	par Traites et Remises	Billet à vue.	6	40	1231	»
Mai.	14	par Divers	Divers.	14	6	10696	»
						26327	60

115		N. LAURENCIN							
1862. Mars.	16	à Marchand[ses] générales	Vente			3	21	6089	85
»	28	à id. id.	id.			5	19	8787	»
Mai.	4	à id. id.	id.			12	27	6199	»
»	5	à id. id.	id.			»	49	7644	»
								28719	85

116		O. MARCHAND							
1862. Mars.	18	à Marchand[ses] générales	Vente			3	23	8268	30
»	29	à id. id.	id.			5	21	7878	»
Mai.	4	à id. id.	id.			12	29	6237	»
»	5	à id. id.	id.			»	51	9989	»
								32372	30

117		P. NORMAND							
1862. Mars.	18	à Marchand[ses] générales	Vente			3	25	6995	35
»	30	à id. id.	id.			5	23	14160	»
Mai.	4	à id. id.	id.			12	31	6943	»
»	5	à id. id.	id.			»	53	12545	»
								40643	35

118		G. GERMAIN							
1862. Mai.	15	à N. Laurencin	Espèces.			14	37	5640	»
»	»	à id.	id.			»	43	5640	»
»	16	à O. Marchand	id.			»	49	5640	»
»	»	à id.	id.			»	55	8460	»
»	17	à P. Normand	id.			»	61	5640	»
»	»	à id.	id.	42300	»	»	67	11280	»
								42300	»

DE MÉZIÈRES.

1862. Mars.	20	par Profits et Pertes	Escompte.		4	20	365	85
»	25	par C. Leblond	Traite à vue.		5	18	5724	»
»	31	par Traites et Remises	Billet à vue.		6	20	4000	»
»	»	par Traites et Remises	Billet à vue.		6	42	4787	»
Mai.	15	par Divers	Divers.		14	8	13843	»
							28719	85

DE NANCY.

1862. Mars.	20	par Profits et Pertes	Escompte.		4	22	496	30
»	25	par C. Leblond.	Traite à vue.		5	20	7772	»
»	31	par Traites et Remises	Billet à vue.		6	22	4000	»
»	»	par Traites et Remises	Billet à vue.		6	44	3878	»
Mai.	16	par Divers	Divers.		14	10	16226	»
							32372	30

DE PÉRONNE.

1862. Mars.	20	par Profits et Pertes	Escompte.		4	24	418	35
»	25	par C. Leblond	Traite à vue.		5	22	6577	»
»	31	par Traites et Remises	Billet au 30 avril.		6	24	6266	»
»	»	par Traites et Remises	Billet au 30 dit.		6	46	7894	»
Mai.	17	par Divers	Divers.		14	12	10488	»
							40643	35

COMPTE DE Vve.

1862. Mai.	18	par Caisse	Billets de Banque.	42300 »	15	2	42300	»
							42300	»

Date	Jour	Compte	Détail	Total		Fo	Fo	Montant	
1862. Mars.	19	à Caisse	o/ Favre.			4	1	1559	»
»	»	id.	o/ Armand.			»	3	1464	»
»	»	id.	o/ Lebrun.			»	5	966	»
»	»	id.	o/ F. Arnaud.			»	7	1462	»
»	»	id.	o/ B. Granjon.			»	9	2984	»
»	»	id.	o/ Fournier.			»	11	1235	»
»	»	id.	o/ C. Lenoir.			»	13	10000	»
»	»	id.	o/ Valentin.			»	15	6295	»
»	»	id.	o/ C. Lenoir.	28918	»	»	17	2953	»
»	24	id.	o/ F. Favre.			11	1	2000	»
»	»	id.	o/ id.			»	1	2000	»
»	25	id.	o/ J. Armand.			»	3	1000	»
»	»	id.	o/ J. Armand.			»	3	2039	»
»	26	id.	o/ N. Lebrun.			»	5	1000	»
»	»	id.	o/ le dit.			»	5	2000	»
»	»	id.	o/ le dit.			»	5	1000	»
»	27	id.	o/ F. Arnaud.			»	7	1000	»
»	»	id.	o/ le dit.			»	7	1000	»
»	»	id.	o/ G. Fournier.			»	7	1000	»
»	31	id.	o/ B. Granjon.			»	9	2000	»
»	»	id.	o/ le dit.			»	9	100	»
»	»	id.	o/ G. Fournier.			»	9	2000	»
»	»	id.	o/ le dit.			»	9	2000	»
»	»	id.	o/ C. Lenoir.			»	9	4000	»
»	»	id.	o/ le dit.			»	9	800	»
»	»	id.	o/ le dit.			»	9	33	»
»	»	id.	o/ Valentin.			»	9	947	»
»	»	id.	o/ le dit.	28919	»	»	9	3000	»
								28919	»

TRAITES.

1862. Mars.	2	par F. Favre	Billet à vue.			2	4	1559	»
»	»	par J. Armand.	id.			»	8	1464	»
»	3	par N. Lebrun	id.			»	12	966	»
»	4	par F. Arnaud.	id.			»	16	1462	»
»	»	par B. Granjon	id.			»	20	2984	»
»	5	par G. Fournier	id.			»	24	1235	»
»	6	par C. Lenoir	id.			3	4	10000	»
»	»	par C. Lenoir	id.			»	4	2953	»
»	7	par Valentin	id.	28918	»	»	6	6295	»
Avril.	16	par F. Favre	id. 20 cour[t].			9	18	2000	»
»	»	par le dit	id. id.			»	18	2000	»
»	17	par J. Armand	id. à vue.			»	22	2039	»
»	»	par le dit	id. 20 cour .			»	22	1000	»
»	18	par N. Lebrun	id. à vue.			»	26	1000	»
»	»	par le dit	id. à vue.			»	26	2000	»
»	»	par le dit	id. 25 cour[t].			»	26	1000	»
	19	par F. Arnaud	id. à vue.			10	4	1000	»
»	»	par le dit	id. 20 cour[t].			»	4	1000	»
»	20	par B. Granjon	id. 25 cour[t].			»	10	2000	»
»	»	par le dit	id. 25 cour[t].			»	10	100	»
»	21	par G. Fournier	id. 31 cour[t].			»	16	2000	»
»	»	par le dit	id. 31 cour[t].			»	16	2000	»
»	»	par le dit	id. 31 cour[t].			»	16	1000	»
»	22	par C. Lenoir	id. à vue.			»	18	4000	»
»	»	par le dit	id. id.			»	18	800	»
»	»	par le dit	id. id.			»	20	33	»
»	23	par Valentin	id. 31 cour[t].			»	24	947	»
»	»	par le dit	id. 31 id.	28919	»	»	26	3000	»
								28919	»

www.ingramcontent.com/pod-product-compliance
Ingram Content Group UK Ltd.
Pitfield, Milton Keynes, MK11 3LW, UK
UKHW032006260826
14628UKWH00005B/2297

9 782019 719371